AF276982

Walter Hasenclever

LOS HOMBRES

Traducción de Roberto Vivero

Ápeiron Ediciones

2025

Walter Hasenclever

LOS HOMBRES

Drama en cinco actos

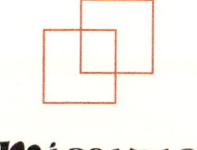

MÁSCARAS

1.ª edición, 2025

Walter Hasenclever
Die Menschen. Schauspiel in 5 Akten
Paul Cassirer, Berlín, ²1919

© De la traducción, Roberto Vivero
© Ápeiron Ediciones

C/ Príncipe de Vergara, n.º 132, planta 9
28002 Madrid
Tfno.: (+34) 611 00 28 41
E-mail: info@apeironediciones.com
http://www.apeironediciones.com/

Diseño y maquetación: Ápeiron Ediciones
Imagen: Paul Klee, *Was fehlt ihm?* (1930). Fuente: Wikipedia

PEFC   FSC

Papel procedente de fuentes responsables

ISBN: 979-13-990486-6-7
Depósito legal: M-13854-2025

EN MEMORIA DE MI AMIGO
FRITZ NEUBERGER

PERSONAJES

Alexander
El asesino
La cabeza
El bebedor
Colaborador
Lissi
Adivina
El joven
La muchacha
El viejo camarero
Agathe
El padre
La madre
El médico
Banquero
Presidente
Fiscal
Sacerdote
Vendedor de periódicos
Acomodadora
Un hombre de negro
La enfermera

Mendigo
El hostelero
El cliente
Comisario
Los caballeros. Los locos. Las putas. Los sordomudos. Policía.
Encapuchados. Tribunal. Jurado. Trabajadores. Porteadores.
Gente.

Tiempo: hoy
Lugar: el mundo

PRIMER ACTO

CEMENTERIO

Atardecer. Cae una cruz.

ALEXANDER
sale de una tumba

EL ASESINO
llega con el saco

ALEXANDER
se asusta

EL ASESINO

¡He matado!

le da el saco

ALEXANDER
tiende la mano

EL ASESINO
La cabeza está en el saco
va hacia la tumba y entra en ella

ALEXANDER
echa tierra sobre la tumba

RÁFAGA DE VIENTO

LA CAPILLA SE ILUMINA

El joven. La muchacha.

EL JOVEN

¿Quién está ahí?

LA MUCHACHA

Un cadáver

se desmaya

EL JOVEN

¡¡Asesino!!

ALEXANDER

Su abrigo

EL JOVEN
coge el abrigo de sus hombros

ALEXANDER
se cubre

EL JOVEN

¿Quién es usted?

ALEXANDER

Estoy vivo

se echa el saco al hombro, sale

LA MUCHACHA
despierta

EL JOVEN
la abraza

LA MUCHACHA
grita

¡Te he engañado!

ESCENA SEGUNDA

S A L A

Noche. Mesas puestas. Al fondo, una cortina. A derecha e izquierda, un nicho.

LA SALA SE ILUMINA

El viejo camarero. El cliente.

EL VIEJO CAMARERO
lee en el periódico

Asesinato

EL CLIENTE

lascivo

¿Las piernas?

EL VIEJO CAMARERO

Falta la cabeza

EL CLIENTE

¡Una cerveza!

ALEXANDER

lleva con el saco a través de la cortina

EL CLIENTE

¿Crimen sexual?

EL VIEJO CAMARERO

Premio

EL CLIENTE

¡La cuenta!

EL VIEJO CAMARERO

Un rosbif

EL CLIENTE

¿Un varón?

EL VIEJO CAMARERO

3,90

EL CLIENTE
sale

ALEXANDER

¡Hombres!

EL VIEJO CAMARERO

¡¡Alexander!!

ALEXANDER

¿Dónde estoy?

EL VIEJO CAMARERO

Desaparecido

Escena tercera

SE ILUMINA EL NICHO DE LA DERECHA

Un hombre hecho un guiñapo se sienta ante una mesa con botellas.

EL BEBEDOR

Sueño

LA SALA QUEDA A OSCURAS

ALEXANDER
entra

EL BEBEDOR
le ofrece el vaso

ALEXANDER
bebe

EL BEBEDOR

¡Usted pasa hambre!

ALEXANDER
alza la vista

EL BEBEDOR

¡Hermano!
lo abraza

EL HOSTELERO
entra

¡Dinero!

EL BEBEDOR
busca en su chaqueta

EL HOSTELERO

Seis botellas

ALEXANDER

Quiero trabajar

EL HOSTELERO

¡De camarero!

señala a la sala, sale

LISSI
entra

¡Hombres!¹

EL BEBEDOR

Estás enferma

LISSI

Me vengaré

sale

ALEXANDER
extiende los brazos

¡¡Amor!!

---

¹ NdT: Cuando no se dice lo contrario, la palabra 'hombre' traduce 'Mensch', *i. e.*, «ser humano». En este caso, Lɪssɪ dice «Männer» y se refiere, por lo tanto, a varones, personas de género masculino.

SE ILUMINA EL NICHO DE LA IZQUIERDA

Caballeros en frac están de pie alrededor de una mesa. Presidente, banquero, colaborador.

VOZ
invisible

¡Jueguen!

LO CABALLEROS
tiran dinero en la mesa

EL NICHO DE LA DERECHA QUEDA A OSCURAS

ALEXANDER
entra

BANQUERO

¿Quién es ese?

COLABORADOR

¡Un cadáver!

gritos y risas

BANQUERO
le da dinero

¡Siéntese!

ALEXANDER
se sienta

VOZ

13

BANQUERO

¡Bravo!

COLABORADOR

Suerte

LOS CABALLEROS

¡Déjalo ahí!

VOZ

13

BANQUERO

Demonio

LOS CABALLEROS

¡Adelante!

BANQUERO
tira dinero sobre la mesa

VOZ

13

LOS CABALLEROS

Señor Consejero

BANQUERO

El resto

tira dinero sobre la mesa

VOZ

13

PRESIDENTE

El banco

BANQUERO

Adelante

VOZ
13
tumulto

BANQUERO
se arranca el cuello de la camisa

LOS CABALLEROS

Arruinado

BANQUERO

Reloj

tira el reloj sobre la mesa

COLABORADOR

¡Testamento!

SILENCIO

BAQUERO
aprieta los puños

PRESIDENTE
toca el timbre

ENCAPUCHADOS
llegan

BANQUERO
grita

¡¡Palmarla!!

ENCAPUCHADOS
abren la trampilla, lo empujan al interior

PRESIDENTE

Desbancado

La mesa se hace visible

ALEXANDER
está de pie delante del dinero

LOS CABALLEROS
amenazantes

¡Déjelo ahí!

Disparo sordo

COLABORADOR
se persigna

ENCAPUCHADOS
regresan

LOS CABALLEROS
apilan dinero sobre la mesa

PRESIDENTE

¡Adelante!

LOS CABALLEROS
convulsos

VOZ

13

La mesa cae

ENCAPUCHADOS
recogen los billetes y los meten en los bolsillos de Alexander

ALEXANDER
sale

LLAMADA

Excelencia

LOS CABALLEROS

sacan revólveres

LLAMADA

¡Reduzcan los salarios!

PRESIDENTE

se encoge de hombros

LOS CABALLEROS

¡Nos morimos de hambre!

COLABORADOR

apaga la luz

LUNA LLENA

señala la luna

Minas

LLAMADA

Canales

LOS CABALLEROS

Papeles

LLAMADA

Dinero

COLABORADOR
enciende la luz

¡Banco de la luna!

PRESIDENTE

Autorizado

LLAMADA

¡Firmen!

LOS CABALLEROS
escriben. Los papeles revolotean

COLABORADOR

Consejo de administración
entrega la lista al presidente

LLAMADA

Benefactor

LOS CABALLEROS
lo felicitan

LISSI
entra

LOS CABALLEROS
ponen la mesa en pie

COLABORADOR
levanta la copa

VOZ

¡Jueguen!

LOS CABALLEROS
tiran papeles sobre la mesa

SE OSCURECE EL NICHO DE LA IZQUIERDA

Escena quinta

LA SALA SE ILUMINA

*Por la mañana. Las mesas están tapadas; la cortina está abierta.
Al fondo, silueta de fábrica.*

EL BEBEDOR
solo

Amo el mundo

OBREROS
llegan

EL BEBEDOR

¡Camarada!

OBRERO

Aumento de sueldo

EL BEBEDOR

Se acerca el día

OBRERO

¡Diario!

ALEXANDER
de camarero

OBRERO

Huelga

EL BEBEDOR

Somos pobres

ALEXANDER
trae café

EL BEBEDOR

¡Seis botellas!

¡Para usted!

ALEXANDER
piensa, saca los billetes

se quita el delantal, sale

Un rico

OBRERO

El infierno

EL BEBEDOR

¡Dámelos!

OBRERO

EL BEBEDOR
esconde los billetes

¡A por él!

OBRERO

lo golpean hasta hacerle sangrar

EL BEBEDOR
se desploma. Sirena de fábrica

OBREROS
van a trabajar

LISSI
junto con los caballeros, tropieza con él

EL VIEJO CAMARERO
lo levanta

ALEXANDER
viene con el saco

EL VIEJO CAMARERO
¿Estás vivo?

ALEXANDER
¿¿Quién soy??

FIN DEL PRIMER ACTO

SEGUNDO ACTO

ESCENA PRIMERA

S Ó T A N O

Encima del sótano, una habitación. Al fondo, ventana, calle.

EL SÓTANO SE ILUMINA

EL BEBEDOR
con la cabeza vendada

Dinero

MENDIGO
extiende el brazo por la ventana

¡Pan!

COLABORADOR
entra

MENDIGO
desaparece

EL BEBEDOR

Sangro

COLABORADOR

¡Firme!

le tiende unos papeles

EL BEBEDOR

¿No más posesiones?

COLABORADOR

¡Comunidad!

EL BEBEDOR

¿No más guerras?

COLABORADOR

¡Paz!

EL BEBEDOR
le coge la mano

¡El futuro!

COLABORADOR

Acciones

EL BEBEDOR

¿La humanidad?

COLABORADOR

Esclavos

EL BEBEDOR
se muerde la mano

COLABORADOR

¡No más posesiones!

EL BEBEDOR

¿¿Comunidad??

COLABORADOR

¡No más guerras!

EL BEBEDOR

¿¿Paz??

deja caer el pañuelo

COLABORADOR

se agacha, pone una mano en su garganta

Su pañuelo

lo estrangula

LAS PUTAS

de pie junto a la ventana

¡Príncipe de oro!

Risillas

COLABORADOR

suelta

LAS PUTAS

entran. Thea, Gilda, Lena

COLABORADOR
salta por la ventana

THEA

¡*Madame* envía saludos!

GILDA
a su falda

Rasgada

LENA

¿Tienes hilo?

THEA
delante del espejo
¿Cómo me queda el sombrero?

EL BEBEDOR

Me muero

GILDA

¡Cigarrillos!

THEA

Seda morada

LENA
¡Príncipe de oro, háblanos sobre Dios!
se ponen a su alrededor

EL BEBEDOR
Dios hereda los millones

GILDA
¡Avaro!

THEA
Poetiza

LENA
cose su falda

EL BEBEDOR
Seremos perdonados
  cae hacia atrás. Lo tapan y se marchan sin hacer ruido

GILDA
¿Dios hereda los millones?

EL BEBEDOR
solo
Espero a la muerte

EL SÓTANO SE OSCURECE

LA HABITACIÓN SE ILUMINA

El joven. La muchacha.

LA MUCHACHA

Tengo miedo

EL JOVEN
se pone de pie

LA MUCHACHA

Se acerca

EL JOVEN
va a la puerta

LA MUCHACHA

¡Algo está pasando!

EL JOVEN
abre la puerta

LA MUCHACHA

Ahora

ABAJO CAE UNA SILLA

LA MUCHACHA
grita

¡¡Ha muerto alguien!!

EL JOVEN
baja corriendo

LA MUCHACHA
cae

EL JOVEN
regresa, tiene billetes en la mano

¡Dinero!

LA MUCHACHA
sobresaltada

EL JOVEN

Está muerto

LA MUCHACHA

Estás temblando

EL JOVEN
abre la ventana

¡¡Vida!!

LA MUCHACHA

No me quieres

CON LA ADIVINA

Sofá. Delante, mesa con tres sillas. En el sofá, la adivina. En frente, la muchacha. A la izquierda, el joven. La silla de la derecha está vacía.

EL JOVEN
baraja las cartas

ADIVINA

La señorita está pálida

EL JOVEN
corta

ADIVINA

Yo también fui joven

coge la baraja

EL JOVEN
saca cuatro cartas

ADIVINA
las descubre

Lo que te protege: un corazón
Lo que te asusta: una mujer
En tu cabeza: felicidad

A tus pies: ¿muerte?
¡Baraja otra vez!

EL JOVEN
vuelve a barajar

ADIVINA
descubre todas las cartas, mueve la cabeza
¡Riqueza!
va señalando cada carta
Una mujer. Al otro lado del camino. La amas. Lágrimas.

LISSI
entra. Nadie la ve. Se sienta en la silla vacía

ADIVINA
¡Cuidado con el médico!
*La muchacha y la adivina quedan a oscuras. El joven y Lissi
siguen iluminados. Miran las cartas*

ADIVINA
Llega. No la conoces. Carta negra. Peligro. Enfermedad.
Se apaga la luz que los ilumina

VOZ DE LA ADIVINA
Muerte

El joven y Lissi se miran

Escena cuarta

Consulta

Al fondo, una puerta. A derecha e izquierda, un gabinete.

SE ILUMINA EL GABINETE DE LA IZQUIERDA

EL JOVEN
entra

VOZ
desde fuera
¡Ha llegado el doctor!

EL JOVEN
ante un cuadro
«Bodas de Caná»
                    se palpa
Inflamación glandular
                    camina intranquilo, saca el reloj
Seis y media
                    tiembla
¡Estoy sano!
        se lleva súbitamente la mano al corazón
No más amor… Sin hijos…

LA CONSULTA SE ILUMINA

EL JOVEN

Peligro. Enfermedad.

EL MÉDICO
entra en la consulta

EL JOVEN

Muerte

EL MÉDICO
abre el gabinete de la izquierda

EL JOVEN
abre el pecho

EL MÉDICO
coge el preparado

EL JOVEN
mira fijamente la pared

EL MÉDICO
va hacia el microscopio

EL JOVEN

¡Barcos! ¡Infancia!

EL MÉDICO

¿Fecha de nacimiento?

EL JOVEN

¡Castillos!

EL MÉDICO

¿Su padre está sano?

EL JOVEN
va, tambaleándose, hacia la ventana

¡¡Vida!!

EL MÉDICO

Mala espina

EL JOVEN

Estoy afónico

EL MÉDICO
se pone de pie

¡Diez marcos!

EL JOVEN

Pujo

EL MÉDICO

Sífilis

EL JOVEN
se desmaya

EL MÉDICO
lo lleva al gabinete de la izquierda, lo tiende sobre el sofá

EL GABINETE DE LA DERECHA SE ILUMINA

LA MUCHACHA
entra

EL MÉDICO
*regresa a la consulta, se lava las manos, abre el gabinete de la
derecha*

LA MUCHACHA
cae a sus pies

EL MÉDICO
Embarazada

LA MUCHACHA
Ayuda

EL MÉDICO
¡Hermosa muchacha!

LA MUCHACHA
Pobre

EL MÉDICO

Ley penal

LA MUCHACHA
se pone de pie

¡Sálveme!

EL MÉDICO

Un beso

la abraza

LA MUCHACHA
se desploma hacia delante

Me caigo

EL MÉDICO
la lleva al gabinete de la derecha, apaga la luz

EL GABINETE DE LA DERECHA QUEDA A OSCURAS

EL JOVEN
desierta en el sofá

EL SOL SE PONE

extiende los brazos

¡¡Aurora!!

EL GABINETE DE LA IZQUIERDA QUEDA A OSCURAS

LA MUCHACHA
con el pelo suelto, sale corriendo del gabinete de la derecha y entra en la consulta, coge un bisturí, se corta las venas. Se abre la puerta

ALEXANDER
entra con el saco

LA MUCHACHA
deja caer el escalpelo

ALEXANDER
coge su mano, chupa la sangre

LA SALA QUEDA A OSCURAS

ALEXANDER
abre el gabinete de la izquierda

CLARO DE LUNA

EL JOVEN
yace en el suelo

ALEXANDER
lo toca

LA MUCHACHA
se acerca

EL JOVEN
se pone de pie. Esqueleto, calavera

ALEXANDER
lo coge de la mano. Salen

Escena quinta

Ó p e r a

Palco de proscenio. La cortina del antepecho está corrida. El palco de la derecha está vacío. Alexander, el joven, la muchacha están sentados en butacas.

ACOMODADORA
¿Prismáticos?

VENDEDOR DE PERIÓDICOS
¡Edición especial: gran robo!

EL JOVEN
Ya no soy

VOZ
desde abajo

¡Pausa!

ALEXANDER

Estamos en la tumba

LA MUCHACHA

se presiona el vientre con las manos

El niño se mueve

VOZ

desde abajo

¡Una silla!

EL JOVEN

Eternidad

ALEXANDER

Las puertas están abiertas

Sonido de timbre

VOZ

desde abajo

¡Comienza el final!

EL JOVEN

Veo el mundo

música atenuada

EL JOVEN

Por última vez, pradera

EL MÉDICO

entra en el palco de la derecha. Frac, guantes blancos

¡Diez marcos!

EL JOVEN

lanza los billetes

Estoy flotando

EL MÉDICO

atrapa los billetes

LISSI

entra en el palco del médico, sonríe, le roba billetes

SOLO DE TENOR

«Donna è mobile»

EL MÉDICO

cierra la cortina

EL PALCO DE LA DERECHA ESTÁ A OSCURAS

EL JOVEN

se pone de pie

ALEXANDER

¡Tu abrigo!

Se quita su abrigo y se lo pone al joven

EL JOVEN

abre de golpe la cortina del antepecho. El escenario está ilumina-
do. Comienza la música

TROMPETAS

Se tira desde el palco. Los instrumentos suenan a la vez

LA MUCHACHA

¿Dónde estamos?

ALEXANDER

Resurrección

FIN DEL SEGUNDO ACTO

TERCER ACTO

CALLE

Al fondo, casa con ventanas. En el medio, balcón. Debajo, café. Fuera, tres mesas, la del medio debajo del balcón. A la izquierda, columna publicitaria: cartel rojo donde se lee «¡Asesinato!». Enfrente, a la derecha, el mendigo.

COLABORADOR
sentado en la mesa de la derecha

MENDIGO
toca en el organillo «Donna è mobile». El médico y Lissi salen al balcón

EL VIEJO CAMARERO
abre las persianas del café

ALEXANDER
viene con el saco, se para delante del cartel

EL MÉDICO
sale de la casa, se sienta al lado del colaborador

COLABORADOR
Sube la cotización

ALEXANDER
se sienta en la mesa de la izquierda

VENDEDOR DE PERIÓDICOS
Banco de la luna, nueva fundación.

EL VIEJO CAMARERO
trae bebidas, compra un periódico

EL MÉDICO

¡Café!

EL VIEJO CAMARERO
se acerca a Alexander, lee el periódico

El asesino

ALEXANDER
levanta la vista

COLABORADOR

¡Capital!

EL MÉDICO
mueve la cabeza

ALEXANDER

¿Crees en Dios?

EL VIEJO CAMARERO
Nosotros, hombres

MENDIGO
gira la manivela del organillo

LOS SORDOMUDOS
van a la mesa del medio

EL VIEJO CAMARERO
se acerca a ellos

LOS SORDOMUDOS
gesticulan

EL MÉDICO
en voz alta
¡Sordomudos!

EL VIEJO CAMARERO
asiente con la cabeza, entra en la casa

AGATHE
descalza, catorce años, llega con una caja
¿Cerillas?

COLABORADOR
la aparta empujándola

EL MÉDICO
se ríe

LOS SORDOMUDOS
le dan dinero

ALEXANDER
la coge en sus brazos

LISSI
sale al balcón, saluda a los sordomudos
¡El dinero es el dinero!
desaparece

COLABORADOR
Vivimos a crédito

ALEXANDER
¿Cómo te llamas?

AGATHE
Agathe

COLABORADOR
¡El trabajo infantil!

AGATHE
Tenemos hambre

COLABORADOR

Papel

EL MÉDICO
saca los billetes

¡Tenemos!

COLABORADOR
saca papeles

¿Compra?

EL MÉDICO
se mete los billetes en el bolsillo, saca el reloj

Exención

se pone de pie

MENDIGO
gira la manivela del organillo

AGATHE

Mi madre se muere

EL MÉDICO
se marcha

COLABORADOR
lo sigue

AGATHE

¡Ayúdame!

coge la mano de Alexander. Se marchan

LOS SORDOMUDOS

gesticulan. Señalan el cartel donde está escrito «¡Asesinato!»

Escena segunda

Buhardilla

A la derecha, pasillo con escalera. Techo inclinado. Al fondo, una ventana, vista a los tejados. A la izquierda, en la cama, la madre moribunda. En el medio, una mesa; tres sillas; en la del medio, el padre de pelo blanco. A la derecha, una cesta de viaje.

LA BUHARDILLA SE ILUMINA

LA MADRE
gime

EL PADRE
impasible

EL PASILLO SE ILUMINA

Agathe y Alexander suben las escaleras

EL PASILLO QUEDA A OSCURAS

ALEXANDER
entra

LA MADRE

¡Aquí estás!

AGATHE

Delira

LA MADRE

¡¡Hijo mío!!

ALEXANDER
va a la cama

LA MADRE
le coge la mano

Me voy de viaje

AGATHE
arregla las almohadas

LA MADRE

El tren está saliendo.

ALEXANDER
se acerca a la cesta de viaje

LA MADRE

¡Haz el equipaje!

ALEXANDER

abre la cesta

LA MADRE

Boda

ALEXANDER

va al armario, saca harapos, los mete en el cesto

LA MADRE

El broche

ALEXANDER

va a la cómoda, encuentra el broche

LA MADRE

La Biblia

ALEXANDER

va a la mesa, saca la Biblia

LA MADRE

¡El dinero!
saca billetes del colchón, se los mete en la boca

AGATHE
junta sus manos

¡Hágase tu voluntad!

ALEXANDER
cierra la cesta

LA MADRE

¡¡Billete!!

Agathe y Alexander se sientan a la mesa

LA MADRE
gime

AGATHE

¡¡Padre!!

LA MADRE
estertores

SILENCIO

SE ABRE LA VENTANA

EL PADRE

Muerta

siguen sentados, inmóviles

EL PASILLO SE ILUMINA

Unos hombres suben por la escalera, miran a través del ojo de la cerradura, susurran

EL PASILLO SE QUEDA A OSCURAS

entran. El lugar se llena de sombras

UN HOMBRE DE NEGRO
¡Entierro!
se acercan, aplastan la mesa. El padre, Agathe y Alexander se dan la mano. Las figuras desaparecen. El lugar queda a oscuras. La mesa está iluminada

EL PADRE
¿Quién eres?

ALEXANDER
Me estoy buscando

EL PADRE
¡¡Hombre!!

ALEXANDER
se inclina ante él

AGATHE
sonríe. La mesa queda a oscuras. Pájaros volando sobre los tejados

CLÍNICA

En el medio, sala de admisión. A la derecha, quirófano. A la izquierda, sala de maternidad.

SE ILUMINAN EL QUIRÓFANO Y LA SALA DE ADM-MISIÓN

LA ENFERMERA
sentada en la sala de admisión

EL MÉDICO
en el quirófano; va a la vitrina, coge un feto, lo sostiene a la luz, lo pone en la mesa de operaciones

LA ENFERMERA
teje

EL MÉDICO
abre la puerta

¿Ingresos?

LA ENFERMERA

Tres

hojea

De nueve meses

EL MÉDICO
cierra la puerta

EL QUIRÓFANO QUEDA A OSCURAS

LA SALA DE MATERNIDAD SE ILUMINA

LAS PUTAS
yacen en tres camas. La cuarta cama está vacía

THEA
con lápiz de colorete y espejo de bolsillo
¡Tonterías!

GILDA
Chocolate
come

LENA
El príncipe de oro está muerto
huele un ramillete

GILDA
le coge las flores
¡Mis flores!

THEA
se da una palmadita en el vientre
Llama

GILDA

¡Adelante!

risitas

LA MUCHACHA

entra, tambaleándose, en la sala de admisión, toca la pared, se desploma

LA ENFERMERA

arrastra a la inconsciente a la sala de maternidad, la pone en la cuarta cama

EL MÉDICO

entra en la sala de admisión

LA ENFERMERA

regresa

Parto

GILDA

estira los brazos

¡Bailar!

THEA

¡El médico!

esconden las cosas

EL MÉDICO
entra, se acerca a la muchacha, ve sangre

¡Asquerosidad!

LA MUCHACHA
abre los ojos, ve al médico, grita

¡¡Animal!!

EL MÉDICO

La máscara

LA ENFERMERA
entra con una mesa con ruedas con instrumental médico

LA MUCHACHA
se defiende

¡¡No quiero!!

EL MÉDICO
la sujeta con fuerza

LA ENFERMERA
le pone la máscara de cloroformo

EL MÉDICO

¡Contar!

LA MUCHACHA
más débil, gime

Veintiuno… veintidós

EL MÉDICO

¡Suelta!

LA ENFERMERA
deja la máscara de cloroformo en la mesa

EL MÉDICO
cruza la sala de admisión y entra en el quirófano

LA ENFERMERA
acerca la mesa. Se cierra la puerta del quirófano

THEA
gime

GILDE

El fórceps

LENA

Grito

THEA
vomita

GILDA

¡Mi vida!

LENA

se retuerce las manos

¡¡Madre!!

GILDA

Santo Dios

se esconde bajo la sábana

SILENCIO

EN EL QUIRÓFANO CAE AL SUELO, CON ESTRÉPITO,
UN INSTRUMENTO

THEA

da un respingo

¡¡Ha nacido un niño!!

EL MÉDICO

sale del quirófano con las manos ensangrentadas, se lava las manos
Suciedad

Escena cuarta

CALLE

Frente a la columna publicitaria del mendigo. En la mesa del medio, los sordomudos. Las otras dos mesas están vacías

LOS SORDOMUDOS
gesticulan. Señalan el cartel donde está escrito «Asesinato»

VENDEDOR DE PERIÓDICOS
Edición especial

EL VIEJO CAMARERO
sale a la puerta, barre

VENDEDOR DE PERIÓDICOS
¡El rastro del asesino!

EL VIEJO CAMARERO
compra un periódico

VENDEDOR DE PERIÓDICOS
se va

MENDIGO
gira la manivela del organillo

De la derecha llega el cortejo fúnebre. Hombres vestidos de negro sacan la mesa de la buhardilla. Sobre la mesa está la madre, con la mortaja. Las manos están cruzadas sobre el pecho. Detrás de la mesa va el sacerdote. Le siguen el padre y Agathe. Al final, Alexander con el saco.

Unos hombres llegan desde la izquierda.

En el medio de la calle, el cortejo fúnebre choca con los hombres. Cierran el paso, aprietan los puños, agitan facturas. Los hombres de negro dejan la mesa en el suelo.

LOS HOMBRES
¡Deudas!

UN HOMBRE
El panadero

UNA MUJER
El alquiler

LOS HOMBRES
¡¡El dinero!!
se abalanzan sobre el cadáver, rebuscan en él

SACERDOTE
implorando
¡Queridos feligreses!

LOS HOMBRES
tiran al suelo los andrajos. El cadáver queda desnudo

UN HOMBRE DE NEGRO
¡No hay dinero, no hay entierro!
Los portadores ponen la mesa de pie

SACERDOTE
suspira, estrecha la mano del padre. El cadáver yace solo en la calle

ALEXANDER
se adelanta. Los demás retroceden. Se arranca la ropa y tapa el cadáver

SACERDOTE
mueve la cabeza, se marcha

ALEXANDER
coge el cadáver en sus brazos

LOS HOMBRES
desaparecen con la mesa

LOS SORDOMUDOS
se ponen de pie, quitan las piedras de la calle, cavan una tumba con las manos

ALEXANDER
pone el cadáver en la tierra. Gente mira desde todas las ventanas, Lissi sale al balcón

LOS SORDOMUDOS
tapan la tumba

VENDEDOR DE PERIÓDICOS
regresa con periódicos
El rastro del asesino

ALEXANDER
se pone el saco al hombro

VENDEDOR DE PERIÓDICOS
¡La cabeza está en el saco!

AGATHE
se arrodilla ante Alexander, le besa las manos

EL VIEJO CAMARERO
la observa atentamente

Cuna

LA MUCHACHA

Duerme, mi niño, tú eres mi amor.
Cierra tus ojitos, tú eres mi corazón.

Todo está tranquilo y sereno como en la tumba.
Duerme tranquilo, mi niño, que yo protejo tu cuna.

Angelitos del cielo, tan lindos como mi amor,
vuelan sobre tu camita y sonríen a mi corazón.

Ahora, aún, mi niño, vivimos en la edad de oro.
Más tarde, ay, más tarde, se acabará, mi tesoro.

FIN DEL TERCER ACTO

CUARTO ACTO

D E S V Á N

Cama. Una vela sobre la mesilla. Pared al fondo

AGATHE
se abre el vestido, se suelta las trenzas, coge papel de cartas, escribe

VOZ
¡Fin de la jornada!

AGATHE
dobla la carta, sonríe, se la lleva a la cama. La vela parpadea

AGATHE
Amado

Llaman a la puerta

VOZ
¡Limpiar zapatos!

AGATHE
se asusta, coge la falda, cose. Sonríe, se lleva la carta a los labios, se queda pensativa, llora. La vela parpadea. La falda cae al suelo

AGATHE
se queda dormida. La pared desaparece. Aparece un paisaje. Cielo estrellado. La vela se apaga. Salen el sol y la luna

ALEXANDER
está al final del paisaje

AGATHE
extiende los brazos

¡Ven!

ALEXANDER
camina por el paisaje hasta llegar a su cama

AGATHE
le da la carta

ALEXANDER
se sienta en su cama

¡No llores!

AGATHE

Lilas

Los árboles florecen

AGATHE

Sopla el viento

ALEXANDER
la acaricia

¡Mariposa!

SUENA EL RELOJ

78

ALEXANDER

Mi destino

AGATHE

Te sigo

ALEXANDER

sonríe

¡Pequeña!

Una estrella cae a través del paisaje soleado

ALEXANDER

Todo es diferente

*la besa. El paisaje desaparece. Aparece la pared. Alexander se ha
ido. La vela se enciende*

AGATHE

despierta

VOZ

¡Arriba!

La vela parpadea

AGATHE

*salta de la cama, corre hacia el armario, saca un ramo artificial,
lo aprieta contra su corazón*

¡¡Primavera!!

EL DESVÁN QUEDA A OSCURAS

El paisaje vuelve a aparecer, ahora gris, banal

ALEXANDER
despierta en un banco, busca el saco, lo mira con atención

ESCENA SEGUNDA

S A L Ó N

Lissi está echada en el sofá. El médico tiene sus pies en su regazo.
La muñeca está sentada en la butaca

LISSI
se abanica

EL MÉDICO
pálido, con los ojos hundidos

Querida

LISSI

¡Manos fuera!

EL MÉDICO
la toca

LISSI
le da una patada

EL MÉDICO
saca del bolsillo la jeringuilla con morfina, se inyecta

LISSI
bosteza

EL MÉDICO
¡¡Ratones blancos!!

COLABORADOR
entra

EL MÉDICO
se echa la mano a la boca, se saca dientes

LISSI
Se deshace

COLABORADOR
¡Tercera fase!

EL MÉDICO
se inclina sobre la muñeca, se pone las gafas negras
Embarazada

LISSI
¡Un ataúd!

EL MÉDICO
Parto
saca el cuchillo del bolsillo, corta el cuerpo de la muñeca

COLABORADOR
¡Dinero!
le clava la jeringuilla en la cabeza

EL MÉDICO
cae

LISSI
lo empuja del sofá

COLABORADOR
busca en la chaqueta del médico, saca billetes
¡Minas de oro!

LISSI
se pone la muñeca en el regazo

COLABORADOR
tira del cadáver por el pelo, se queda con pelo en la mano

LISSI
¡Muerto está muerto!

COLABORADOR
tira el cadáver por la ventana

ESCENA TERCERA

M E S A • S I L L A

El saco está encima de la mesa. Alexander está sentado en la silla

ALEXANDER
abre el saco

LA CABEZA
sale rodando del saco

ALEXANDER
retrocede

¡¡Mi cabeza!!

LA CABEZA

Mi cuerpo

ALEXANDER

¡¿Me han matado?!

LA CABEZA

El asesino está vivo

LEXANDER

Está perdonado

RÁFAGA DE VIENTO

ALEXANDER

Está en la tumba

LA CABEZA

¡Expiación!

ALEXANDER

Vivo para él

LINTERNA SORDA

Iluminados, el viejo camarero, comisario, policía.

EL VIEJO CAMARERO
señala con el dedo a Alexander

¡¡Asesino!!

COMISARIO
lo arresta

EL VIEJO CAMARERO
se quita el sombrero

Recompensa

COMISARIO
encuentra el saco

¡La cabeza está en el saco!

ESCENA CUARTA

T R I B U N A L   D E   J U S T I C I A

A la izquierda, tribunal, presidente. Delante, escritorio del fiscal.
Al fondo, miembros del jurado. A la derecha del público: el hos-
telero, el cliente, los caballeros, las putas, mendigo, vendedor de
periódicos, acomodadora; delante de la barrera, Agathe. Enfrente,
banco con los testigos: el viejo camarero. En medio de la mesa, la
cabeza. A su lado, en una silla, Alexander.

PRESIDENTE
coge el saco en la mano

La cabeza es testigo

TRIBUNAL
asienten con la cabeza

PRESIDENTE

¡Acusado!

ALEXANDER
levanta la mirada

PRESIDENTE

¿Es usted culpable?

GRITO

¡Asesino!

PRESIDENTE

¡Silencio!

EL VIEJO CAMARERO
levanta los dedos

Juro

PRESIDENTE

«Así Dios me asista»

EL VIEJO CAMARERO

Amén

PRESIDENTE

¡El fiscal!

FISCAL
se pone de pie

¡Miembros del jurado!

MIEMBROS DEL JURADO
se ponen de pie

FISCAL

Han asesinado a un hombre

ALEXANDER
lo mira

FISCAL

Ojo por ojo

PÚBLICO
se inclina hacia delante

FISCAL

¡Pena de muerte!

se sienta

PRESIDENTE

¡El acusado!

ALEXANDER
calla

PRESIDENTE

Deliberación
*El tribunal y el jurado se retiran. La sala se vacía. Quedan solos
Agathe y Alexander*

ALEXANDER
se da la vuelta, ve a Agathe

AGATHE
sonríe

Te sigo

ALEXANDER
no sabe nada, se lleva la mano a la frente

AGATHE
Te amo

La sala se llena. Regresan tribunal y jurado

LA MUCHACHA
llega entre el público, hambrienta, sostiene al niño contra su pecho

PRESIDENTE
¡En nombre del rey!

Todos se ponen en pie

PRESIDENTE DEL JURADO
¡Culpable!

LA MUCHACHA
lleva a su hijo a la sala

¡¡Hambre!!

COMISARIO
tira de ella hacia atrás

PRESIDENTE
Condenado a muerte

Todos se sientan

ALEXANDER
se pone de pie

SILENCIO

ALEXANDER

Me asesinaron

PRESIDENTE

¡Nada de bromas!

ALEXANDER
coge la cabeza, la levanta

Mi propia cabeza

Vocerío y risas

GRITO

¡Escuchad! ¡Escuchad!

ALEXANDER

Pago mi culpa

PRESIDENTE

¡Se levanta la sesión!

ALEXANDER

Todos son asesinos

Tumulto

GRITO

¡Al manicomio!

FIN DEL CUARTO ACTO

QUINTO ACTO

CON LA ADIVINA

En el sofá, la adivina. A la izquierda, la muchacha. A la derecha, Lissi. La silla frente a la adivina está a oscuras.

ADIVINA
baraja

LISSI
corta

ADIVINA
coge una mitad de la baraja en cada mano, les da la vuelta
Odio

La muchacha y Lissi se miran

ADIVINA
le acerca las cartas a Lissi

LISSI
saca una carta

ADIVINA
le da la vuelta
¡Hay alguien aquí!

LISSI
aterrorizada, levanta las manos

LA MUCHACHA
saca el cuchillo. La adivina queda a oscuras

LA SILLA SE ILUMINA

Se precipitan la una contra la otra. Lissi cae sobre el cuchillo, la muchacha se lo clava en el pecho. Lissi la estrangula

LA SILLA QUEDA A OSCURAS

Agonía

Escena segunda

Manicomio

Hombres con forma de animales. Colaborador en el medio.

LOS LOCOS
se arrastran

COLABORADOR
asciende al trono

VOZ
desde fuera

Número 20

ALEXANDER
entra

COLABORADOR
se pone la corona

ALEXANDER
se pone de rodillas y se arrastra a cuatro patas

ESCENA TERCERA

CALLE

Delante del café del viejo camarero.

VENDEDOR DE PERIÓDICOS

¡Ejecución!

ALEXANDER
lo llevan por allí

EL VIEJO CAMARERO
se ahorca

Escena cuarta

C Á R C E L

Noche. Alexander encadenado. Al fondo, rejas. Golpes sordos.

AGATHE
entra con la vela

¡Te salvaré!

le quita las cadenas

SILENCIO

LA PUERTA SE ABRE

ALEXANDER
sale

LA REJA SE ILUMINA

Caballeros con frac están alrededor de un cadalso. Presidente, fiscal.

SACERDOTE
entra

AGATHE

*sonríe. El recinto queda a oscuras. Aparece el cielo. Cántico des-
de las torres*

ESCENA QUINTA

C E M E N T E R I O

Aurora

ALEXANDER

llega con el saco

EL ASESINO

sale de la tumba

ALEXANDER

le da el saco

EL ASESINO

El saco está vacío

ALEXANDER

va a la tumba, entra en ella

SALE EL SOL

EL ASESINO
extiende los brazos

¡¡Yo amo!!

FIN DEL QUINTO ACTO

Este libro se publicó
el mes de junio
del año 2025

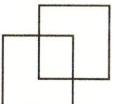